はじめての おりがみ あそび

1・2・3 歳児が よろこぶ

青柳祥子／著

チャイルド本社

Contents

CHAPTER

5

おはなしおりがみ

column

しょうこ先生のおりがみ話

付録

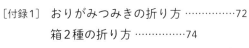

私がおりがみの仕事をするようになったのは、オーストラリアで暮らしたことがきっかけです。1998年から8年間、娘と夫の家族3人でシドニーで暮らしました。そこで市役所の英会話教室に通っていたところ、「おりがみを紹介できないか？」と聞かれました。子どものとき以来おりがみはしていませんでしたが、自分で本を読んで練習し、準備しました。

20名の参加者は全員初心者。1枚の紙が花、鳥、箱に変身するのを見て、「Paper Magic（これは手品だ）！」と喜んでもらえました。おりがみの力ってすごいですね。異国で人を笑顔にできることがうれしかったです。それから試行錯誤で教えるなか、「教え方がユニークでわかりやすい」と言ってもらえ、美術館や図書館でも教えることになりました。

帰国した今も、簡単で楽しく折れる作品を目ざして創作を続けています。今回、月刊の保育雑誌『Pot』に紹介した作品から低年齢児向けのものをまとめようという話から、担当の竹久さんと話し合い、また保育園の先生方の意見を聞きながら、新しいアイデアを盛り込んだ本になりました。この本をそばにおいて、小さな子どもたちといっしょに、おりがみあそびを楽しんでいただければ幸いです。

青柳祥子（おりがみ作家）

本書の使い方

● 本書は低年齢児向けに、おりがみやいろいろな紙を使ったさまざまな遊びを提案しています。伝承あそびとしてきっちり作ろうとするのではなく、おりがみを素材の一つと考え、子どもの想像力を発揮できるような遊びを楽しんでください。

● 低年齢時のおりがみあそびは、大人の関わり方が大切です。◯◯で示しているのは、言葉かけの例です。参考にしてください。

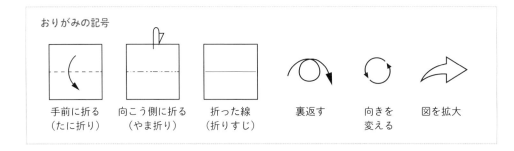

おりがみの記号

手前に折る（たに折り）　向こう側に折る（やま折り）　折った線（折りすじ）　裏返す　向きを変える　図を拡大

CHAPTER 1

おりがみじゅんびの あそび

おりがみを始める前に、こんな遊びをしてみましょう。

紙に触れたり、折るイメージを育んだりすることで、

実際に遊び始めたときに、スムーズに楽しめるようになります。

くしゃくしゃ する

はじめは片手から始められる活動です。
てのひら全体を使って握ることで、
紙の感触を味わうことができます。

準備

おりがみやお花紙などを、小さめに
切っておく。(12cm 角ぐらい)

①

紙を丸める。片手でくしゃくしゃ
と握り、感触を楽しむ。

② くしゃくしゃに
丸めたもの、
何に見えるかな？

両手で丸くして
↓

細長くして
↓

丸めたものを
ビニール袋に入れて
↓

へたを
付けても
いいね。

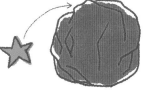

トマト　　きゅうり　　ぶどう

つめつめ
する

次は指先を使う活動です。
容れ物に詰めて、ぎゅっと押し込む感触や
色の組み合わせなどを楽しみます。

準 備

おりがみやお花紙などを、
小さめに切っておく。
（12cm 角ぐらい）

たまごの
空き容器
など

①

紙を丸めて、たまごの空き容
器などに詰め、ぎゅっと押し
込む感触を楽しむ。

②

キラキラして
きれいだね

ふたをして輪ゴムなどで留め、
シェイクしたり、カラフルな
色に注目しても楽しい。

アレンジ

ペットボトルのふたなど
容れ物を変えてもよい。

びりびり
する

全身を使って、ダイナミックに
破ります。破ることで、
紙というものがどんなものか、
体で感じられるようになります。

準備

新聞紙を、1ページの4分の1
サイズに切っておく。

1

紙を破る。
両手を使って、大きくびりびりと。

＊たて目に沿って破れるように、紙の方向に
　注意して子どもに持たせる。切れ目を入れ
　ておくと破りやすい。

2 細い紙がたくさんできたら
　　のりでくっつける。

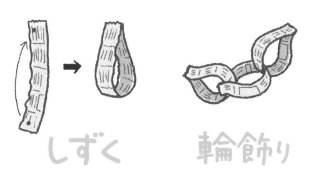

しずく　　　輪飾り

3 たくさんたくさん、びりびりしたら、
活動を広げてみよう。

プールに入れて
プール遊び

歩いて
みよう

びりびりを
並べた道を
歩いてみよう

＊安全のため、フロアマットの上などで行うとよい。

ビニール袋に入れて
ぶら下げてボクシング

遊んだ
あとは、
そのままごみ箱に！

9

おりがみ じゅんび体操

おりがみをイメージできる体操です。
この体操をしておくと、初めておりがみをする子も
なぜかスムーズにあそびが楽しめます。
体が伸びるので、気持ちがいいですよ。

1 両手両足を大きく広げ、おりがみになったつもりで立つ。

おりがみ体操だよ!

さあ、
四角く、大きく、
ぴーん!

1枚のおりがみの
イメージで。

2 片手を反対側の足にもっていき、体を倒す。

三角の
ぺったんこに
なってみよう!

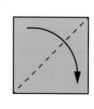

三角に折る
イメージ。

3 大きく開く。

もとに
戻って〜

もとに戻して
四角に。

4 さっきとは違う手を
反対側にもっていき、
体をたたむ。

さっきとは
ちがう手で
ぺったんこ!

反対の三角に。

5 大きく開く。

またもとに
戻るよ〜。

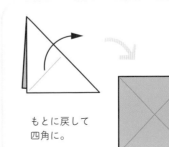

もとに戻して
四角に。

6 体を前に倒して半分折り。

今度は前に
ぺったんこ！

うまく足を
つかめるかな？

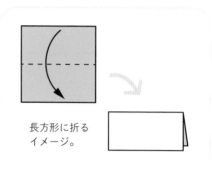

長方形に折る
イメージ。

7 また大きく開く。

またもとに
戻るよ〜。

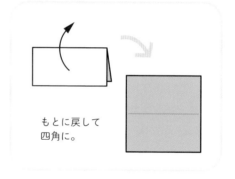

もとに戻して
四角に。

8 両方の手と手
足と足を合わせる。

今度は手と手を
ぺったんこ！

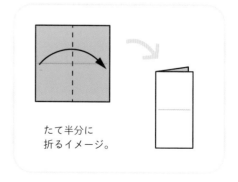

たて半分に
折るイメージ。

9 最後にもう一度
大きく開く。

もとに戻るよ

はい。
おりがみ体操
おしまい!

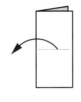

もとに戻して
四角に。

おりがみ体操って?

　イギリスで行われた「折り紙の教育とセラピーの国際会議」の資料に、「学習障害のある子に折り紙を教えたところ、口頭の説明で理解できなかった子が、体の4つの軸を使うことによって簡単に理解できた」とあるのを見つけました。なんと興味深い話だろうと思い、おりがみの教室でこの体操を始めたら、子どもも大人も楽しんで体操するようになりました。

　きちんとポーズをとれるようになるのは4・5歳児以上だと思います。それよりも小さな年齢の子どもたちはあそびの一環として取り入れてみてください。

▲おりがみのイメージを体で実感する。
（園での取り組みの様子）

13

おりがみつみきで遊ぼう

伝承おりがみの「風船」をきれいに整えると、
立方体の「おりがみつみき」になります。
この積み木で遊んでみましょう。
箱も作ると、より遊びが広がります。

折り方
・P.72（おりがみつみき）
・P.74（箱）

そっともつ

積み木だけど、ぎゅっと持つと
つぶれてしまう。だから、そっと、
やさしく扱います。

てのひらにのせる

きれいな色のやさしい積み木、だから
手のひらにのせると宝物みたい。

つみあげる

どんどん高く重ねてみよう。
色のバランスも考えながら積むと楽しいね。

はこに
しまう

箱の中にしまっていこう。
ぴったりきれいに並べられるかな?

 Point

まず大人が遊んでみせてください。大人がていねいに扱うと、子どももていねい
に扱うようになります。「そうっと、大切にね」「きれいに箱にしまえたね」などの
言葉をかけると、よいでしょう。年齢が小さかったり機嫌が悪かったりすると、ぐ
しゃぐしゃにつぶしてしまうかもしれません。それでも、保育者がやさしく扱って
いると、子どもの向き合い方も変わってきます。

column しょうこ先生のおりがみ話 ②

赤ちゃんのための 布おりがみ

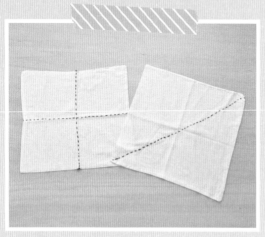

20年以上前に作ったものですが、
今でも大切にとってあります。

　この布おりがみは、私が娘のために
作ったものです。当時はシドニーに住ん
でいたので、おりがみは手に入らない状
態でした。そこで、手元にあったさらし
を二つ折りにして、まず正方形を作りま
した。それから、赤の糸でステッチを入
れ、折り目の目安にしました。

　紙と違って、何度でも半分に折る練習
ができます。半分に折って三角、また
折って三角、または半分に折って長四角、
また折って正方形…。子どもが一人で遊
ぶのでなく、大人がいっしょに、工夫し
ながら遊んであげてください。

❶30cm角くらいの正方形の
白い布2枚を中おもてに合
わせ、点線部分を縫う。

❷おもてに返し、口を綴じ
る。

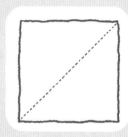

❸赤い糸を使い、なみ縫い
でステッチを入れる。

16

はじめての おりがみあそび

はじめておりがみをするときは、「何かを完成させよう」
と思わなくてもいいんです。おりがみと触れながら、
「何に見えるかな？」とイメージをふくらませて楽しんで
みましょう。子どもの想像力を引き出すような言葉をかけて、
大人もいっしょに楽しんでください。

まっすぐに折る

まずはまっすぐ半分に折ってみよう。
なにができるかな?

よこに折る

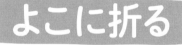

おひるね?
おやすみなさい

1 **2** **3**

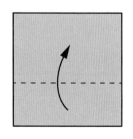

上を少しあけて折る。

おふとんが
できたね

寝ている人を描く。

ふとん

たてに折る

1

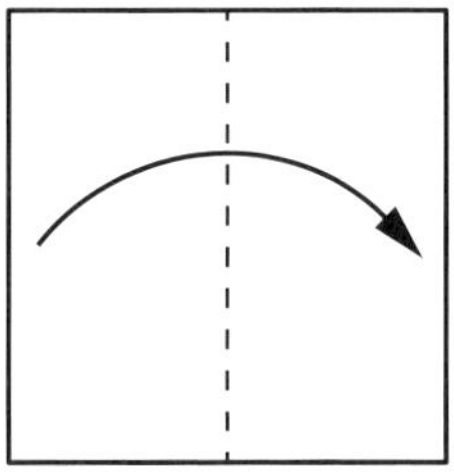

たてに半分に折る。

2

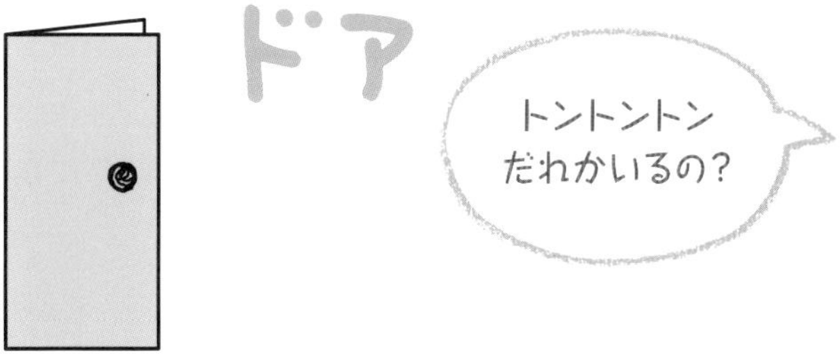

ドア

トントントン
だれかいるの?

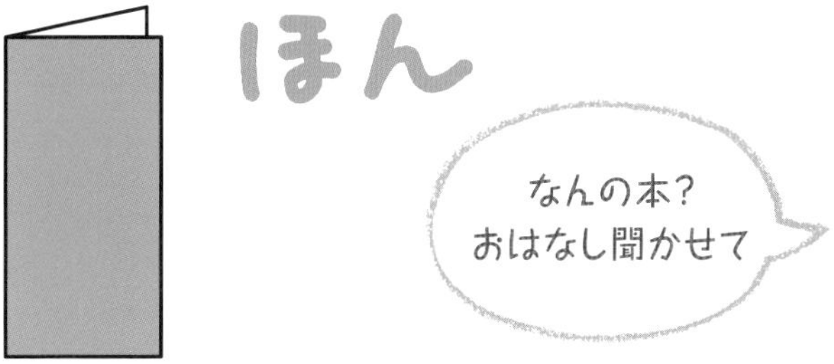

ほん

なんの本?
おはなし聞かせて

しゅっぱーっ

よこに倒したら…

バス

ひもを通して…

ロープウェイ

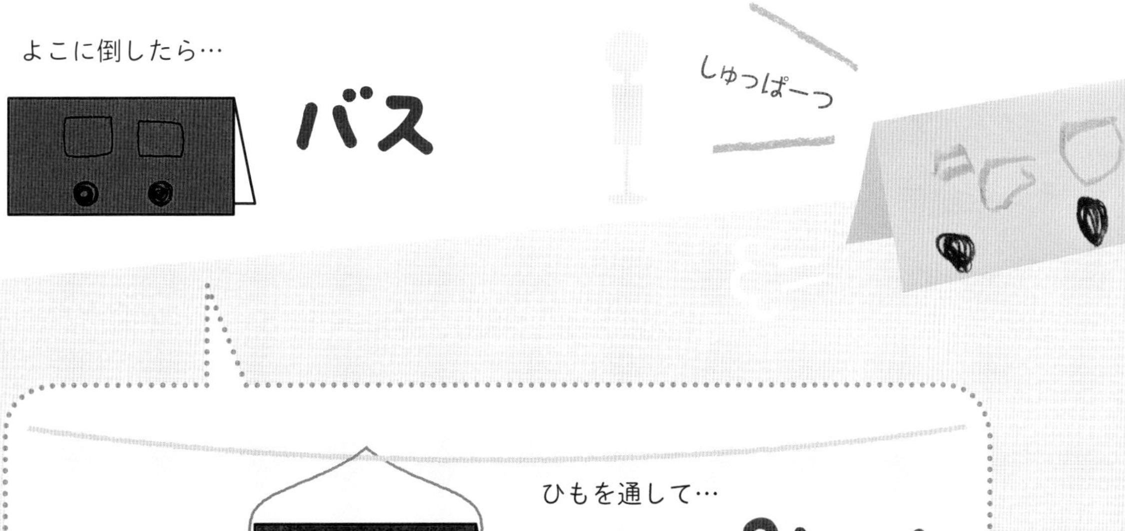

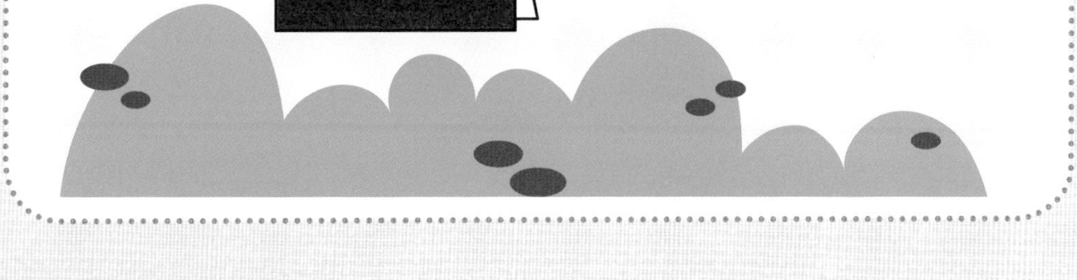

さんかくに折る

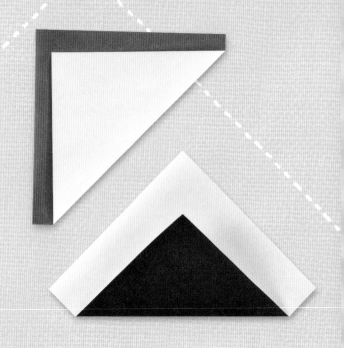

次は三角に折ってみよう。
いろいろなものに見えてくるね。

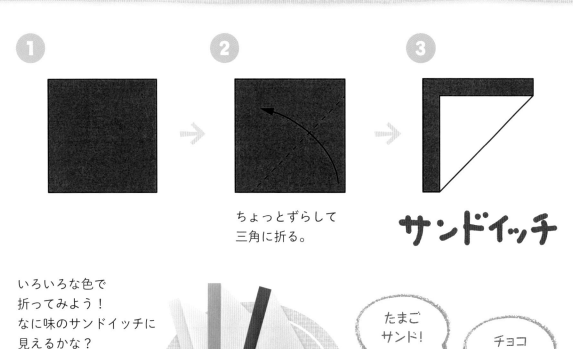

①

②
ちょっとずらして
三角に折る。

③
サンドイッチ

いろいろな色で
折ってみよう！
なに味のサンドイッチに
見えるかな？

たまご
サンド！

チョコ
サンド！

マーマレード
サンド！

白と黒で折ったら…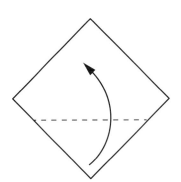

白と青で折ったら…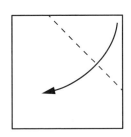

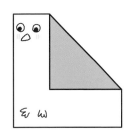

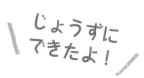

さんかくに折って

三角に折ったあと、もう一度折って…
隠れているのはだれかな？

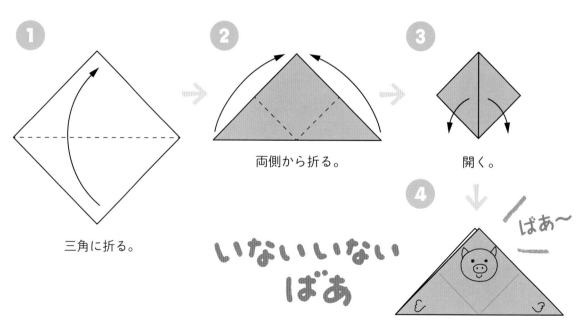

1

三角に折る。

2

両側から折る。

3

開く。

4

いないいない
ばあ

ばあ〜

だれかの顔を
描いてみよう！

黒で折ったら… ➡  ゴリラ

茶色で折ったら… ➡  くま

ベージュ色で折ったら… ➡ 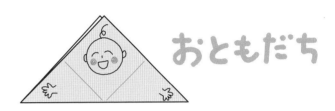 おともだち

だれかな？

いない
いない
ばあ〜

子どもの好きな動物や
子どもの顔を描くと、
喜びます。

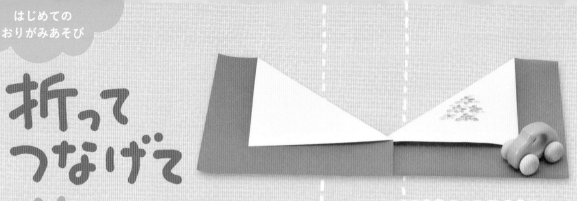

折って
つなげて
道をつくろう

四角や三角をずらして折ったら、道に見えてきた。
どんどんつなげてみたくなるね。

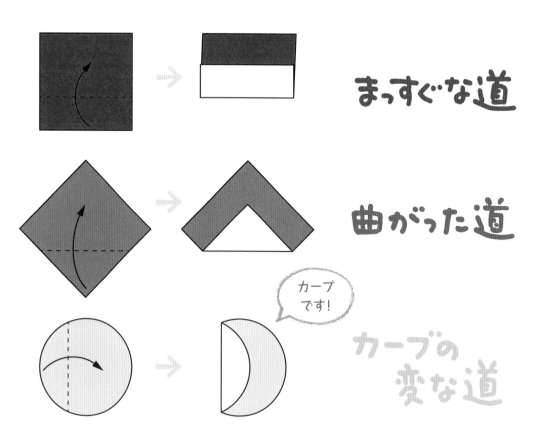

まっすぐな道

曲がった道

カーブ
です！

カーブの
変な道

どれも、ちょっとずらして折る。

できた道をつないでみよう！

column しょうこ先生のおりがみ話 3

紙のたて目とよこ目

　紙には、「たて目」と「よこ目」があるのをご存じですか？　おりがみのふちを持って立てたとき、ピンと立つなら「たて目」、ペロンと倒れてしまうなら「よこ目」です。破るときは、「たて目」の方向が破れやすいです。折るときは目にそった向きにすると楽に折れるので、子どもの前におりがみを置くときは、紙の目を意識して置いてあげてください。

よこに折るときは、よこ目に置くと折りやすい

しかくに 折って…

四角に折りたたんだら、
なんだか、はずむよ！
たたいて遊べる！

①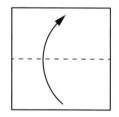

半分に折る。

②

また半分に折る。

③

カスタネット

たたいて
遊べる！

どんな音が
するかな？

タンタン
タタタン ♪

［アレンジ］

 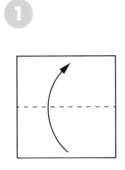

❶❷はカスタネットと同じ

上の1枚だけ半分に折る

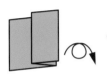 ❹

ひっくり返して…　　目玉を描いたら…

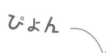 ぴょんぴょん　かえる

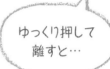 ゆっくり押して離すと…

ぴょん

column　しょうこ先生のおりがみ話 4

おりがみの大きさ

一般的なおりがみ
15cmくらい

低年齢児には
12cmくらい

　おりがみにはいろいろなサイズがありますが、体に対して大きすぎると、折りにくくなります。一般的には手のひらくらいのサイズがよいといわれています。3歳くらいまでは、ちょっと小さめの12cmくらいのものを選んでください。

大きさのちがう紙をあわせて

大きな紙と小さな紙で、
同じものを作ってみよう。
かくれんぼができちゃうよ。

1

 大

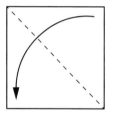 ➡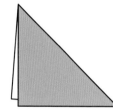

大きな紙を
三角に折る。

 小

➡

小さな紙を
三角に折る。

2 「大」と「小」を重ねる。

あっ

いたいた〜

こねこ
いないね

 ┈➡

ねこさんの
かくれんぼ

1 横にまっすぐ折ったら…

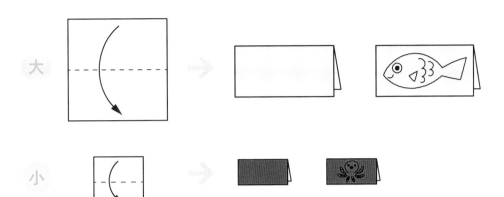

大

小

2 「大」と「小」を重ねる。

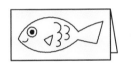 

さかなの中から
たこさんみっけ

海の
かくれんぼ

どこに
隠れようかなあ

折って
くっつけて
くみあわせ

半分に折ったものを、
ハグするみたいに組み合わせてみよう。
いろいろなものができるよ。

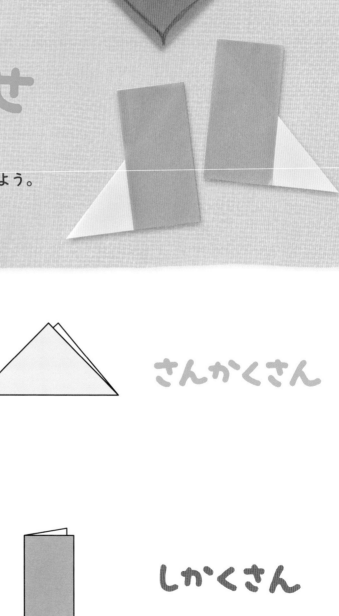

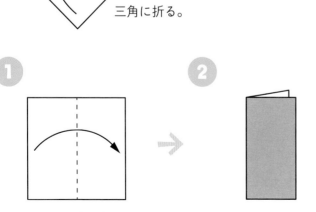

① → **②**

三角に折る。

さんかくさん

① → **②**

たてに四角く折る。

しかくさん

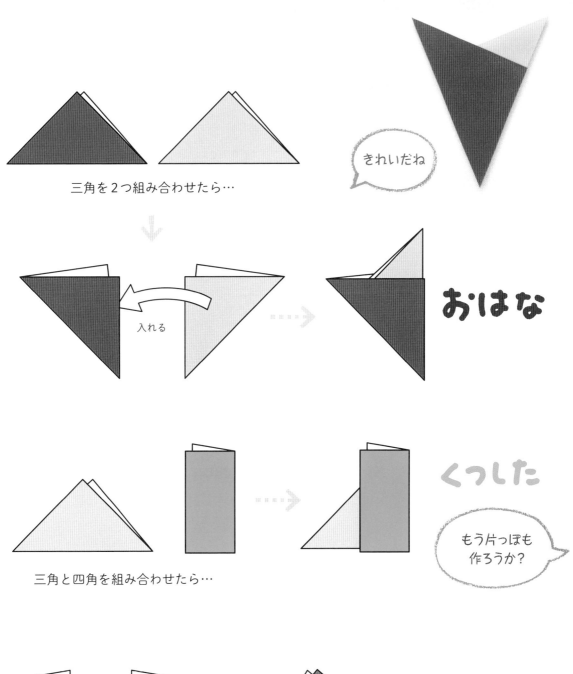

三角を2つ組み合わせたら…

きれいだね

入れる

おはな

くつした

もう片っぽも
作ろうか？

三角と四角を組み合わせたら…

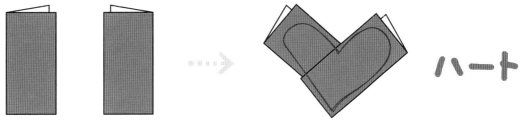

ハート

四角を2つ組み合わせたら…

おなじもの いっぱい

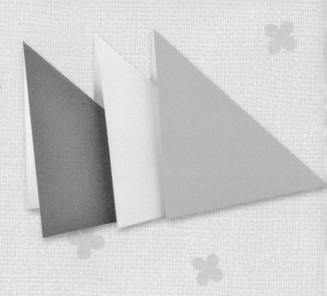

同じ形をたくさん作ったら、
つなげたり、差し込んだりしてみよう。
なにになるかな？

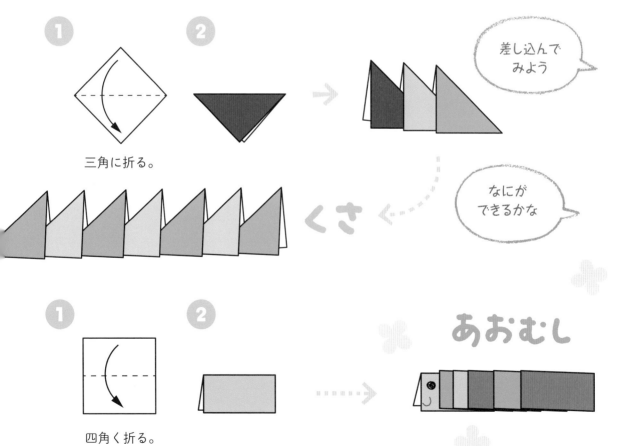

1 **2**

三角に折る。

差し込んで
みよう

くさ

なにが
できるかな

1 **2**

四角く折る。

あおむし

低年齢児のおりがみは、五感で楽しめるように!

たくさん折ったものがあると、子どもはどうするでしょう?

・開いたり閉じたりして楽しむ。
・枚数が多いと、全部広げて1枚の紙のようにする。
・くしゃくしゃにして、音を楽しむ。
・何枚も重ねて、ふわふわ感を楽しむ。
・紙の匂いをかぐ。
・見立てて楽しむ。

こんな反応に大人が応えることで、より遊びが広がっていきます。

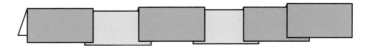

折って
広げて

折って広げて折り筋をつけたら、
くるくる回っちゃうよ。

①

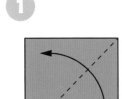

三角に折って開く。

②

反対向きに折って開く。

③

こま

赤いところを
そーっと押したら…

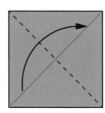

くるくる〜

これだけで、回るこまのできあがり！

ヒント 　左ききの人は、
　　　　左の指で、右に押してね。

34

3 やさしい おりがみあそび

おりがみあそびに少し慣れて、「折ると形が変わる」
ことがわかったら、「これを作ろう」という目的をもった
おりがみあそびをしてみましょう。直線折りで折りやすく、
折ったあとにたっぷり遊べるものを紹介します。

いぬさん
ねこさん

角を少し折るだけで、
かわいい動物の完成です。

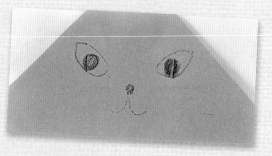

①

角を少し折る。

②

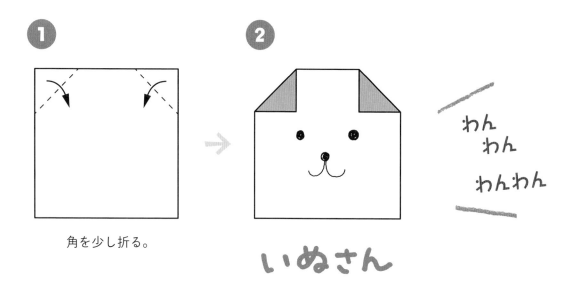

わん
わん
わんわん

いぬさん

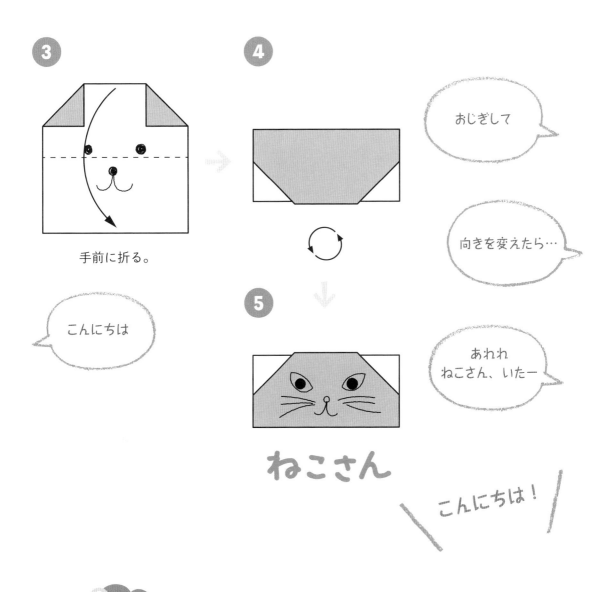

③ 手前に折る。

こんにちは

④ おじぎして

向きを変えたら…

⑤ あれれ
ねこさん、いたー

ねこさん

こんにちは！

! Point

おりがみを折って偶然に生まれた形を見て、子どもたちは必ずなに
かを連想してくれます。子どもたちが連想したことを話してくれた
ら、そのイメージを補うような絵を描いたり、新しい遊びにつなげ
たりしましょう。子どもたちは、おりがみあそびがますます楽しく
なるはずです。

ぞうさん

おりがみを折り、そこから
ちょっと発展させてみましょう。

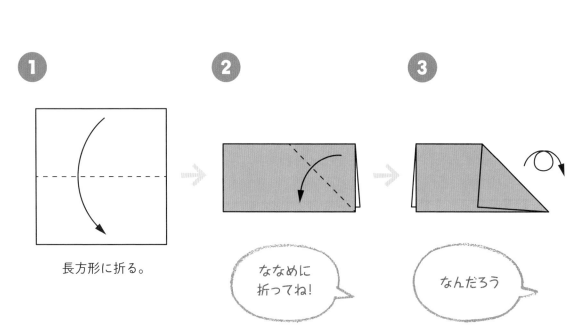

①

長方形に折る。

②

ななめに
折ってね!

③

なんだろう

アレンジ

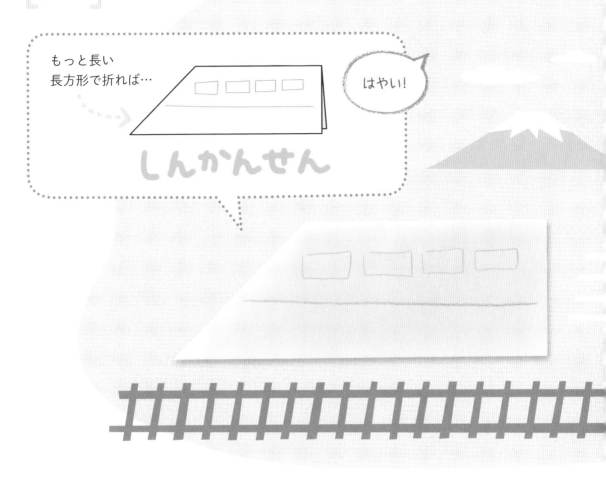

もっと長い
長方形で折れば…

はやい!

しんかんせん

④ ぞうさん

鼻の長〜い
ぞうさんだあ

Point

保育者が用意した、いろいろな形の耳を貼っ
たり、描いたりしてもいいですね。

ゆび
にんぎょう

長方形から小さくたためば、ほら、
指にぴったりのサイズになりました。

①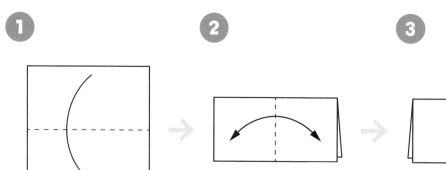

長方形に折る。

②

折りすじをつける。

③

折りすじまで折る。

お花さんだよ!

 4

折りすじまで折る。

5

先生が
やってみるね

入れる

片方をもう片方の
すきまに入れる。

少し折ると…。

羽にもなるね

顔を描こう

ゆびにんぎょう

＊写真のゆびにんぎょうは、12cmの
おりがみで作ったものです。

41

カレーと
スプーン

カレーは、2枚合わせることで、できあがります。
スプーンは長方形をさらに細く折ります。
見立てあそびにぴったりですよ。

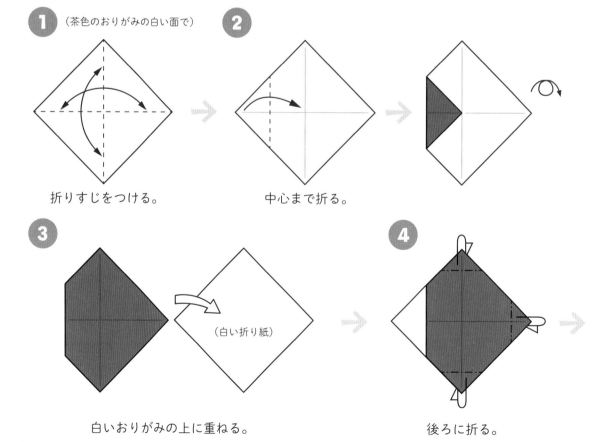

1 （茶色のおりがみの白い面で）

折りすじをつける。

2

中心まで折る。

3

（白い折り紙）

白いおりがみの上に重ねる。

4

後ろに折る。

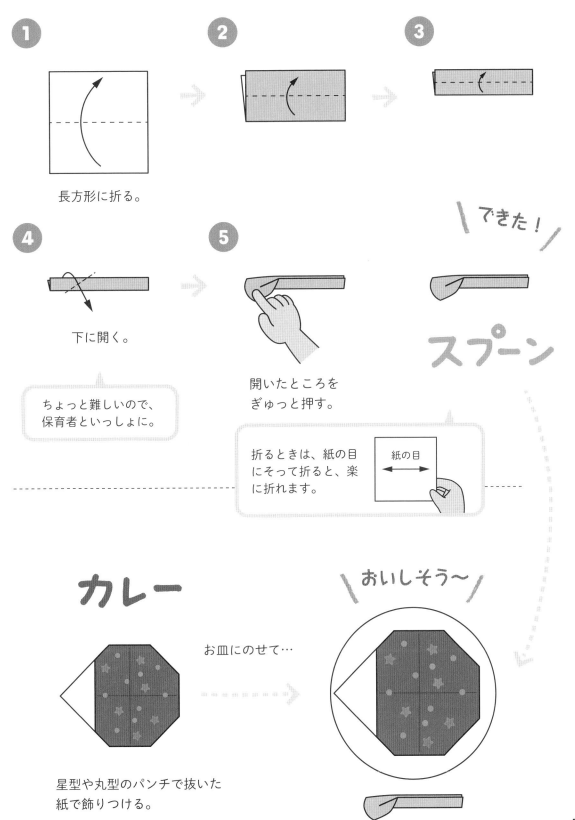

1

長方形に折る。

2

3

4

下に開く。

ちょっと難しいので、
保育者といっしょに。

5

開いたところを
ぎゅっと押す。

折るときは、紙の目
にそって折ると、楽
に折れます。

紙の目

できた！

スプーン

カレー

お皿にのせて…

おいし そう～

星型や丸型のパンチで抜いた
紙で飾りつける。

おにぎり

中に具を入れられるのが
ポイントのおにぎり。
会話につながるおりがみです。

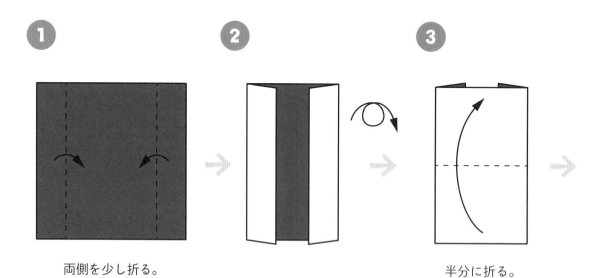

1 両側を少し折る。

2

3 半分に折る。

44

いただきまーす!

 4

できた!

梅干しも
入れちゃおう

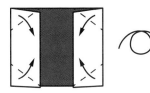

2枚いっしょに少し折る。

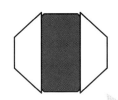

おにぎり

 おにぎりを開いて、
赤い紙をくしゃくしゃにした
"梅干し"を入れてみよう!
たらこやしゃけを
入れてもいいね!

むぎわら
ぼうし

三角形の発展形です。絵本や写真に当ててみたり、
いろいろな遊びが楽しめます。

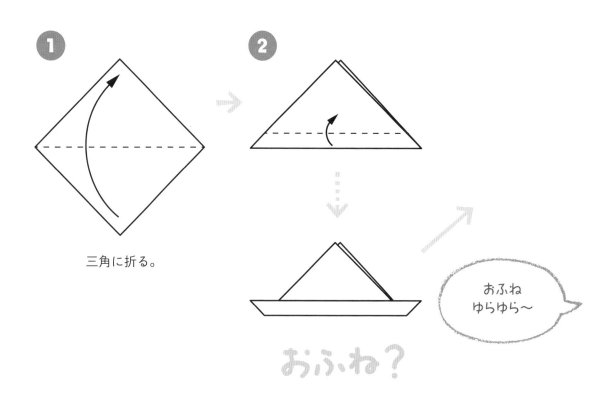

1 三角に折る。

2

おふね？

おふね
ゆらゆら〜

3

ひっくり返して
2枚いっしょに折る。

4

鳥みたいだね

似合うかしら？

できた！

むぎわら
ぼうし

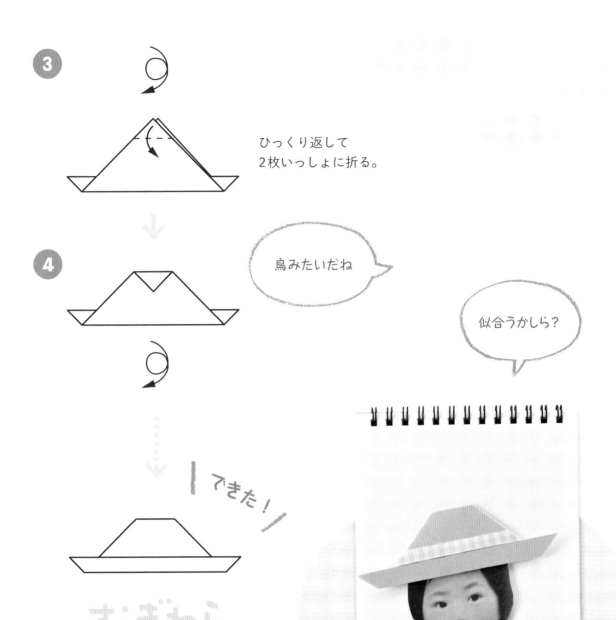

写真にかぶせて、
製作物にしても。

47

かに

三角形の応用です。
真っ赤なおりがみで作ると
かにらしくなります。

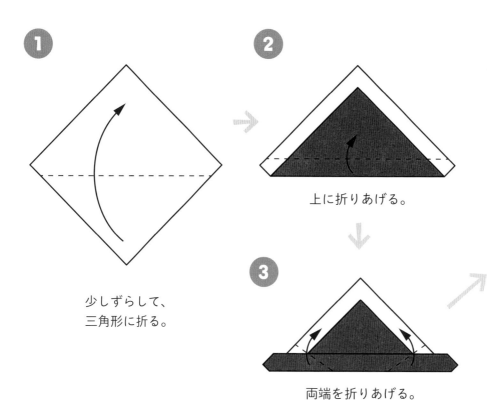

① 少しずらして、
三角形に折る。

② 上に折りあげる。

③ 両端を折りあげる。

4

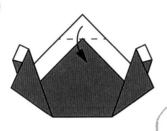

上から下に折る。

ばんざーい

裏返す。

ちょんちょんすると
歩き出すよ!

ぼくの かに

目は、丸シールを
貼ろう。クレヨン
で描いてもOK。

目玉が
飛び出てるんだ

かに

あひると ヨット

三角に折る形から発展！
あひるが別のものに
変身するのも楽しい。

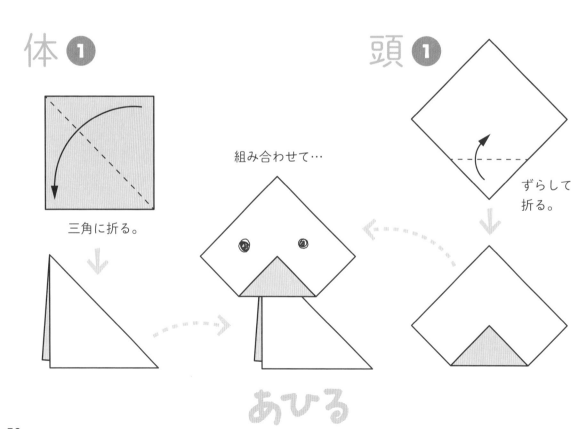

体 ❶

三角に折る。

組み合わせて…

頭 ❶

ずらして
折る。

あひる

あひるの頭から…変身するよ。なにになるのかな？

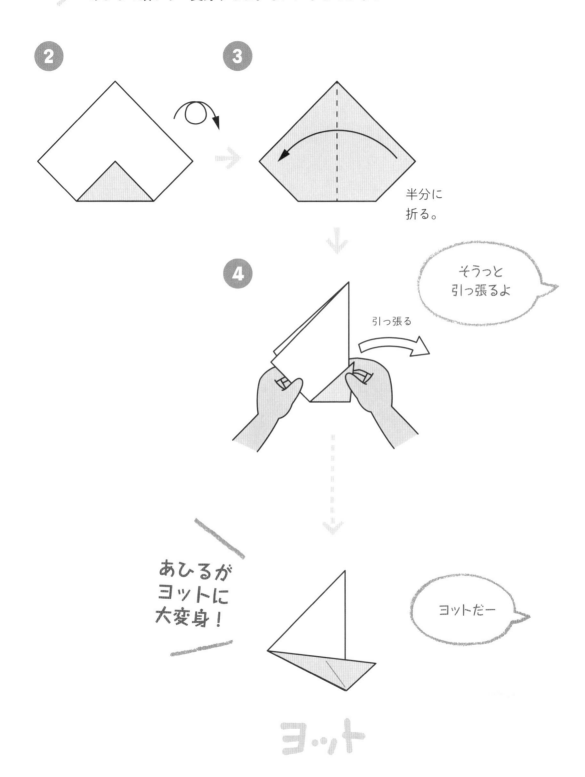

半分に
折る。

そうっと
引っ張るよ

引っ張る

あひるが
ヨットに
大変身！

ヨットだー

ヨット

きょう りゅう

三角に折ることを繰り返して、
恐竜の形になりました。

1

三角に折る。

2

下を少し折る。

3

もう一度折る。

4

折り上げる。

立ててみるよ

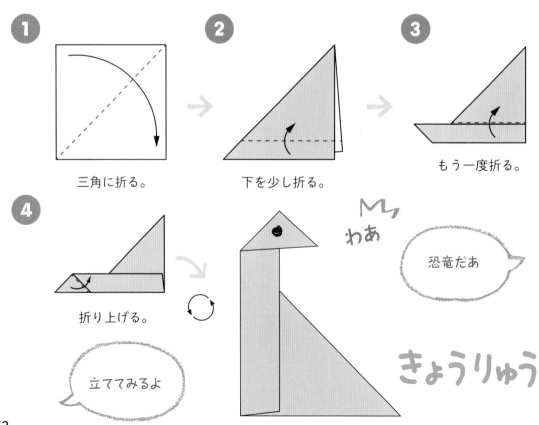

わあ

恐竜だあ

きょうりゅう

52

CHAPTER 4 おりがみいがいの かみで

「おりがみ」として市販されているものだけでなく、
身の回りのいろいろな紙で
おりがみあそびを楽しんでみましょう。
新聞紙、封筒、雑誌、コピー用紙など…
遊びの材料をたくさん見つけてください。

新聞紙で…
かぶと

大きくて軽い新聞紙は、
低年齢児でも扱いやすい素材です。
伝承の"かぶと"よりも簡単な折り方を紹介します。

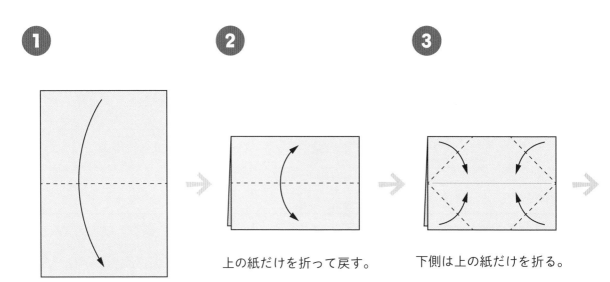

❶

1ページの新聞紙を
半分に折る。

❷

上の紙だけを折って戻す。

❸

下側は上の紙だけを折る。

4

かっこよく
できあがったね

できた!

上の紙だけを折る。　　つのをつけて仕上げよう。

かぶと

封筒で…
ドーナツ

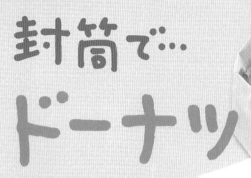

もともと筒状になっている形を生かして
作ります。色もドーナツに
見立てやすいですね。

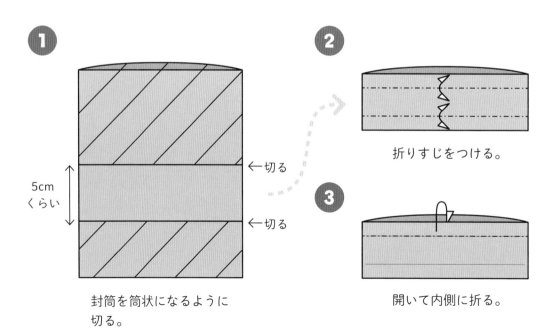

① 封筒を筒状になるように
切る。

5cm
くらい

←切る

←切る

② 折りすじをつける。

③ 開いて内側に折る。

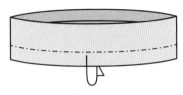

内側に折る。

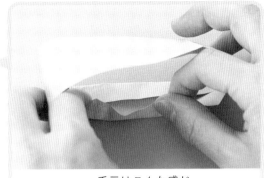

手元はこんな感じ

 できた!

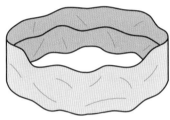

しわをつけて
ふっくらさせる。

ドーナツ

おいしそうな
ドーナツが
できあがったね

シールを貼ったりして
いろいろなドーナツ
を作ってみよう!

Point

■ 封筒のサイズで、折る難易度が変わる
　ので、いろいろ試してみよう。
■ 折る前に、色を塗ったり模様を描いた
　りしてもOK!

じょうぶな紙で…
バスケット
ゴール

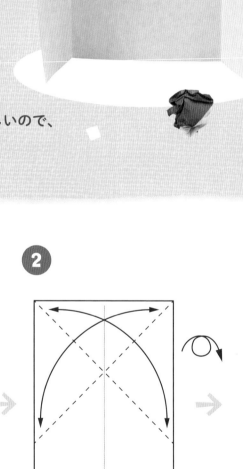

少し厚手のしっかりした紙なら、
遊べるおもちゃが作れます。
立体的に組み合わせるところは少し難しいので、
大人が手伝ってください。

1 （長方形の紙を使う。）

折りすじをつける。

2

ななめに折りすじをつける。

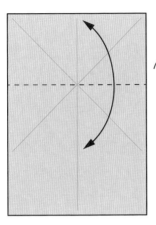

折りすじが重なって
いるところを折って
戻す。

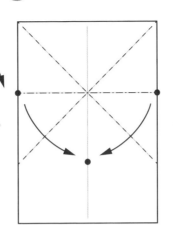

折りすじで折りたたむ。

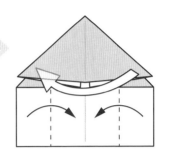

三角の角をすきまに差し込む。

バスケットゴール

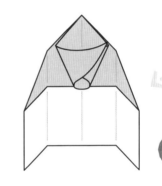

両側を折って
立たせる。

くしゃくしゃに
丸めたボール

くしゃくしゃ
ボールを
投げてみよう

えいっ！

ヨーロッパの伝承おりがみ

柄入りおりがみで…
こたつ

折る回数は多いですが、
ほとんど直線折りでできます。
折り筋をつける折り方を覚えると、
本格的なおりがみに続く
ステップになります。

天板　　※4分の1サイズのおりがみを使用

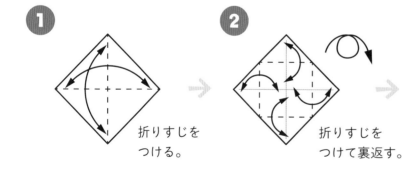

① 折りすじを
つける。

② 折りすじを
つけて裏返す。

③

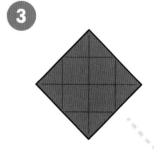

! Point

● 本体は、いろいろな柄のおりがみで作ると、カラフルなこたつになります。
● 天板は、無地のおりがみで折ると、引き締まってきれいな仕上がりに。
● 天板と本体の色、柄を工夫して、いろいろなこたつを作ってみましょう。

本体

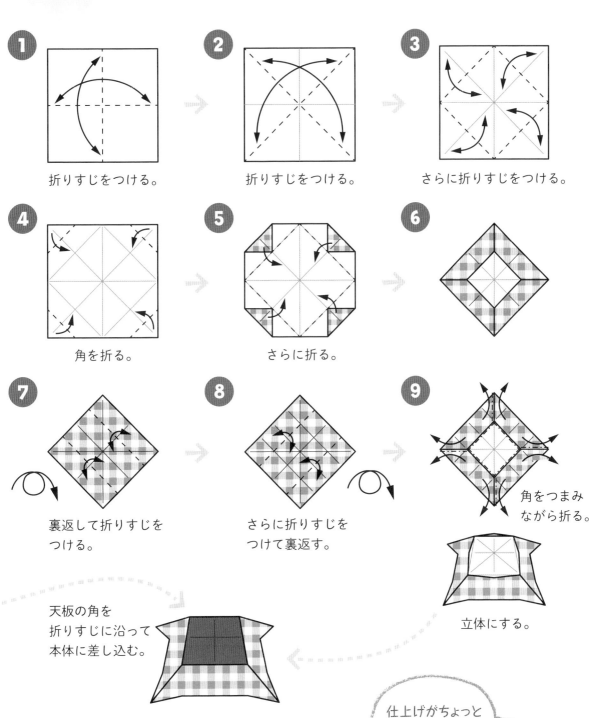

1 折りすじをつける。

2 折りすじをつける。

3 さらに折りすじをつける。

4 角を折る。

5 さらに折る。

6

7 裏返して折りすじを
つける。

8 さらに折りすじを
つけて裏返す。

9 角をつまみ
ながら折る。

立体にする。

天板の角を
折りすじに沿って
本体に差し込む。

こたつ

仕上げがちょっと
難しいよ

古雑誌で…
クリスマス ツリー

ページを折っていくだけで、
立体に変わっていきます。最初はページ数の
少ないものから始めてみましょう。

※冊子や雑誌を使用

①

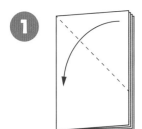

上の1枚だけを折る。

②

1ページだけを開く。

③

他のページも**①**、**②**と
同じように折る。

④

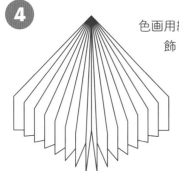

色画用紙を貼って
飾りつけたら…

できあがり！

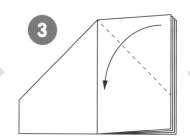

クリスマス ツリー

CHAPTER

5 おはなし おりがみ

おりがみが変わっていく様子を
お話にのせて……

おりがみを使った小さなシアターです。
言葉で伝えながら折ることで、おりがみが、
より楽しく感じられるでしょう。

ひらひら
ちょう

1
きれいなお花が咲く季節。

おりがみを持って
きれいな色の面を
見せる。

2 山もお花がいっぱい。さあ、
ピクニックに出かけましょう。

二つ折りにして
三角を作る。

3 ピクニックには帽子がいりますね。
こんな帽子はどうかしら？

にあう？

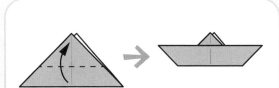

上に折り上げて帽子の形にする。

64

4 あら、帽子の上に何かとまりました。羽をとじたり開いたりしています。
なんだかわかりますか？

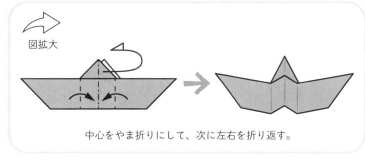

図拡大

中心をやま折りにして、次に左右を折り返す。

5 そう、ちょうでした！

紙飛行機を
持つように持つ。

6 ちょうは　おそらを…
ひらひらと　飛んでいきました。

おしまい！

ひらひら…

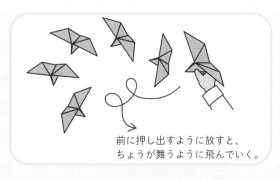

前に押し出すように放すと、
ちょうが舞うように飛んでいく。

落ち葉と きつね

1

はっぱが茶色く染まる季節。

おりがみを持ってきれいな色の面を見せる。

2

山もとってもきれいです。

二つ折りにして三角を作る。

3

おや、1枚の葉っぱが落ちていました。

左右を折り上げて小さな四角にする。

4 そこに1匹の動物が来ました。
かしこくって、コーンと鳴く動物。なんだかわかる？

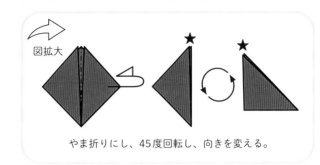

やま折りにし、45度回転し、向きを変える。

5 そう、きつねです。
こんにちは。きつねさん！

\おしまい！/

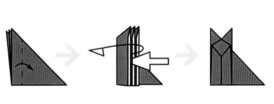

3枚まとめて
折る。

まん中を開きながら、
上部をつぶし顔をつくる。

アレンジ

あらかじめ小さなきつねを作ってお
いて、「おやおや、子どもたちも出
てきましたよ。親子のきつねだった
んですね」と出してあげましょう。
子どもたちはとても喜びます。

「きつね」の折り方を考えた人／©奥田光雄

ヨットの
ゆめ

1
保育者のせりふ
湖に、波がゆらゆら。

ゆらゆら

一度おりがみの
青い面を見せた後、
両端を持って、
波のように揺らす。

2 湖の隣には、雪のつもった
山がありました。

色の面を内側にして
三角に折る。

3 おや、湖に何か浮かんでいます。

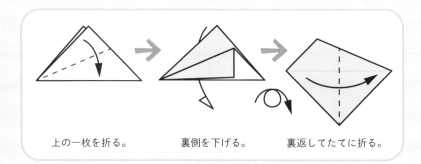

上の一枚を折る。　　　　裏側を下げる。　　　　裏返してたてに折る。

4 浮かんでいたのは、なんでしょう？

なんでしょう？

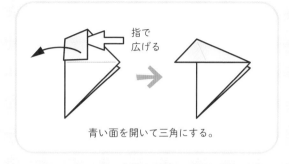

指で
広げる

青い面を開いて三角にする。

5 そう、ヨット！

ヨット！

白い面が
上になるように
持ち替えて、
ヨットの形を
見せる。

6 ヨットには夢がありました。

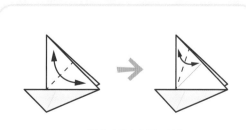

折りすじを2回つける。

7

それは空を飛ぶこと。
わたしがその夢をかなえてあげましょう。

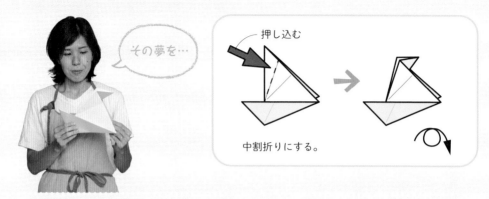

その夢を…

押し込む

中割りにする。

8

ヨットは鳥になって…

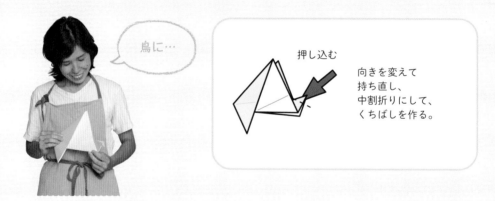

鳥に…

押し込む

向きを変えて
持ち直し、
中割りにして、
くちばしを作る。

9

あの白い山の向こうに翼をはばたかせて飛んでいきました。
ヨットの夢がかなってよかったですね。

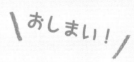

おしまい！

パタパタ

首のところを持って
尾を引くと、はばたく
ように動く。

「はばたく鳥」の折り方を考えた人／©大橋皓也

おはなしおりがみ の楽しみ方

「おはなしおりがみ」は、お話にのせておりがみを折って、形が変わる様子を楽しんでもらうものです。シドニーでおりがみを教えていたときに、自分なりの教え方をしようと考え出しました。その頃読んだ『ニキーチンの知育あそび』という本に、お話しながら積み木を並べていくというエピソードがあって、それがヒントになっています。

演じ方の ポイント

おはなしおりがみは、何度も繰り返していくことで、子どもたちのおりがみへの関わりも変わっていきます。

Step1：対面で見せる

最初は大人が演じて、子どもたちに見てもらいます。大きなおりがみを使えば、10人くらいまでは楽しんで見られます。

Step2：近い距離で折りながらお話する

隣に座り、机の上で折るところをじっくりと見せながら話をしていきます。

Step3：子どももいっしょに折る

3歳以上の子なら、自分でも折り始めるようになります。折り方を教えながらお話してください。年齢が小さい場合は、折ったもので、いっしょに遊ぶとよいでしょう。

他にも…

● 「これはなにかな？」のように、問いかけをたくさん入れる。

● おりがみが目立つように、できるだけ無地の服を着用する。

● おりがみの色は、離れると見にくいので黄色は避ける。

こんなポイントを押さえておくと、子どもの注目度も変わってきます。

p.14〜15の

おりがみつみきの 折り方

伝承おりがみの「風船」をもとにした折り方です。
手順が多いので、大人が折って、
子どもといっしょに楽しみましょう。

1

折りすじをつける。

2

折りすじをつける。

3

●を寄せるように
折りたたむ。

4

角を合わせて折る。

5

折りすじをつける。

6

内側に折る。

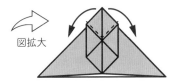

⑦

図拡大

斜めに折る。

⑧

内側に折る。

⑨

⑧でできた三角を、
下のポケットに入れむ。
反対側も同じように。

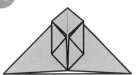

⑩

裏返して、④から⑨を
繰り返す。

⑪

折り筋をつけて、
穴に息を吹き込む。

できあがり

ちょっぴり簡単バージョン

細かい作業が苦手な人のための折り方です。④のあとそのまま
⑥に進み、そのあと1回下に折って、そのまま差し込みます。
見た目はちょっと違いますが、ちゃんと積み木になりますよ。

裏も同様に。

箱2種の折り方

積み木といっしょに箱も作っておけば、
遊びが広がります。たくさん遊んだあとは、
お片づけもできますね。

長方形の箱

B5サイズの紙を使用すれば、15cmのおりがみで折ったおりがみつみき
4つがちょうどおさまります。A4の紙を使用すると、少し余裕のある
箱になります。

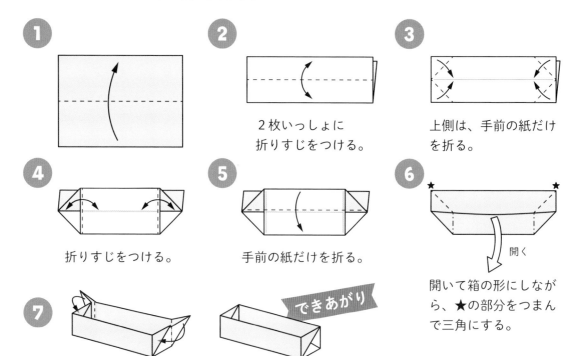

1

2
2枚いっしょに
折りすじをつける。

3
上側は、手前の紙だけ
を折る。

4
折りすじをつける。

5
手前の紙だけを折る。

6
開く

開いて箱の形にしなが
ら、★の部分をつまん
で三角にする。

7
三角のポケットに入れ込む。

できあがり

＊この折り方は、紙を縦にしても横にしても、
また、正方形の紙を使ってもできる、不思議な折り方です。

正方形の箱

24cm角の紙で作れば、15cmのおりがみで折ったおりがみつみきが、
縦横2つずつぴったり入ります。

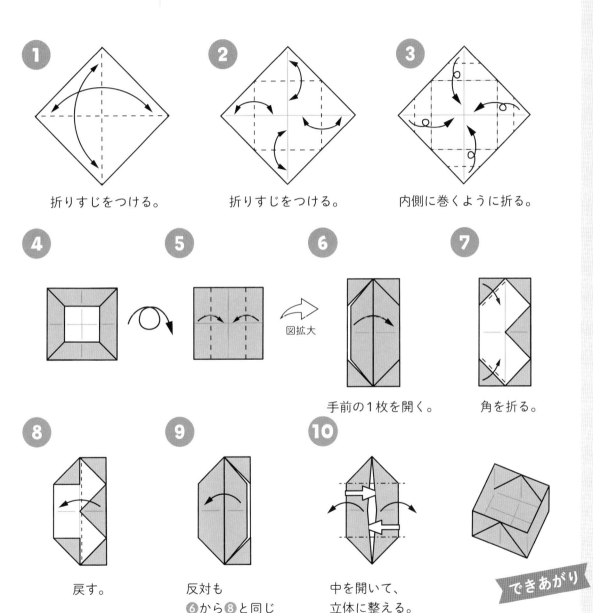

① 折りすじをつける。

② 折りすじをつける。

③ 内側に巻くように折る。

④

⑤ 図拡大

⑥ 手前の1枚を開く。

⑦ 角を折る。

⑧ 戻す。

⑨ 反対も
❻から❽と同じ
ように折る。

⑩ 中を開いて、
立体に整える。

できあがり

*ふたは、本体と同じサイズで作ればOK。

おりがみあそびに関わる
子どもの発達

0歳から
4歳くらい
まで

鈴木八重子
（元 文京区立保育園園長）

満年齢　　0歳 ···➤ 1歳

体や手指の発達

おもちゃを手に握り、
しゃぶったり振ったりする。

手と足を使って、
ずりばいで移動する。

つかまり立ち、
伝い歩きをする。

握っているおもちゃを、
反対の手に持ち替える。

親指と人さし指でつまむ。

交互に手をついて
階段を上る。

興味や関心の発達

ばいばいと言うと、
手を振る。

パンを手に持って食べる。

手あそび「ちょちちょちあわわ」
「おつむてんてん」をまねる。

ティッシュペーパーを
つまんで、次々に出す。

絵本のページをめくる。

おすすめのおりがみ活動

布おりがみなどの
あそびに触れる。

おりがみをまっすぐに折って、
「バス」「ドア」「ふとん」など、
見立て遊びを楽しむ。

紙をびりびりに破ったり、
くしゃくしゃにしたりする。

そのときの子どもにぴったりのあそびを提案するには、
発達を押さえておく必要があります。ここでは、おりがみあそびに関わる
「体や手指の発達」と「興味や関心の発達」を紹介しています。
ぜひ、遊びを取り入れる際の参考にしてください。

→ 2歳

両手でものを持ったり、
遊んだりする。

クレヨンで
なぐり描きをする。

ものを並べたり
重ねたりする。

スプーン、フォークを使う。

バッグにものをたくさん
入れて持ち運ぶ。

ジグソーパズルのピースを
つまんではめる。

両手で帽子を持って、
かぶろうとする。

三角に折ったおりがみで、
「いないいないばあ」
などを楽しむ。

おりがみのかくれんぼなどで、
言葉のやりとりを楽しむ。

おりがみあそびに関わる子どもの発達

満年齢　**2歳**

体や手指の発達

つまむ、引っ張るなど、
細かい指の動きができる。

二つの動作を同時に
できるようになる。

興味や関心の発達

粘土を、ちぎったり伸ばしたり
丸めたりして遊ぶ。

両手を使って鼻をかむ。

洋服を脱ぎ着する。

くつやくつ下をはこうとする。

ブロックを組み立て
壊すことを繰り返す。

たたいたり振ったりして、
楽器を楽しむ。

紙を持ちながら、
はさみで連続切りをする。

ひも通しを楽しむ。

おすすめのおりがみ活動

三角や四角に折ったものを、
いろいろなものに
見立てて遊ぶ。

単純な折り方のものを
組み合わせ、簡単なストーリーを
作って楽しむ。

> 3歳 ·········· > 4歳以上 ·········· >

じゃんけんができるようになる。
じゃんけんで、友達と
いろいろなことを決める。

水筒のふたをひねって開ける
など、細かい作業ができる。

洋服のボタンを
つまんではめる。

描きたいものを
イメージしながら絵を描く。

箸を使って食べる。

エプロンのひもや、ひも通し
のひもを、固結びにする。

保育者に教わって、簡単な
おりがみを自分で折る。

おりがみで食べ物などを
作って、ごっこあそびを
楽しむ。

おりがみの角を合わせて
四角や三角に折る。

季節に合った
おはなしおりがみを見て楽しみ、
自分でも作ってみる。

［著者プロフィール］

青柳祥子（あおやぎ・しょうこ）

折紙創作家／日本折紙協会会員
ブリティッシュ折紙協会会員
ハンガリー折紙協会会員
オランダ折紙協会会員

福岡県生まれ。成城大学短期大学部教養学科卒業。1998年から、オーストラリア・シドニーの幼稚園、小学校、美術学校、図書館などで折り紙の授業を行う。NSW州立美術館の教育部門やABCテレビで、折り紙アーティストとして日本文化を紹介し、折り紙の普及に貢献。2005年に帰国後も、日本各地や海外で、オリジナルの折り紙を教える活動を行っている。

1・2・3歳児がよろこぶ
はじめてのおりがみあそび

2023年2月　初版第1刷発行

著　者　　青柳祥子　©Shoko Aoyagi 2023
発行人　　大橋 潤
編集人　　竹久美紀
発行所　　株式会社チャイルド本社
　　　　　〒112-8512　東京都文京区小石川5-24-21
電　話　　03-3813-2141（営業）
　　　　　03-3813-9445（編集）
振　替　　00100-4-38410
印刷・製本　図書印刷株式会社

ISBN978-4-8054-0320-4　C2037
NDC376　24×19cm　80P　Printed in Japan

チャイルド本社のウェブサイト
https://www.childbook.co.jp/
チャイルドブックや保育図書の情報が盛りだくさん。
どうぞご利用ください。

［Creative Staff］
装　丁　　野島禎三（ユカデザイン）
撮　影　　小山志麻　林 均　山崎友也
本文イラスト　わたいしおり
折り図　　みつき
付録執筆　鈴木八重子（元・文京区立保育園園長）(p.76~79)
製　作　　マーブルプランニング　(p.34、56、57、60、62)
撮影協力　あそびの保育園（新座市）
協　力　　株式会社トーヨー
本文校正　有限会社くすのき舎
編集協力　東條美香
編　集　　竹久美紀

［参考文献］
『折紙の造形　見て折る本』（星の環会　発行）（はばたく鳥）
月刊『おりがみ』（日本折紙協会発行）（ちょう、きつね）
『The Magic of Origami』（Japan Publications,Inc）by Alice Gray and Kunihiko Kasahara（箱）